AF564206

25X

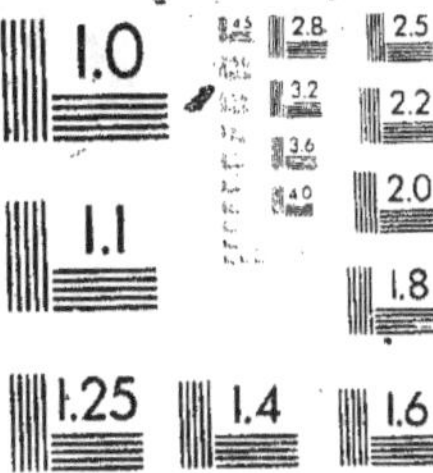
MICROCOPY RESOLUTION TEST CHART
NBS 1010a
ANSI and ISO TEST CHART No. 21
1.0
1.1
1.25
1.4
1.6
1.8
2.0
2.2
2.5
2.8
3.2
3.6
4.0

Centimeter
1
2
3
4
5
6
7
8
9
10
11
12
1
2
3
4
5
Inches

THE FRENCH REVOLUTION RESEARCH COLLECTION

LES ARCHIVES DE LA REVOLUTION FRANÇAISE

MAXWELL
Headington Hill Hall, Oxford OX3 0BW, UK

PROJETS DE MONUMENS A ÉRIGER POUR LA GLOIRE ET L'UTILITÉ DE LA RÉPUBLIQUE.

PROJETS DE MONUMENS

A ÉRIGER POUR LA GLOIRE ET L'UTILITÉ DE LA RÉPUBLIQUE.

PAR le Cit. POYET, Architecte des Travaux publics, et Membre du Conseil des Bâtimens de Paris,

---

LA régénération du Gouvernement offre déjà une perspective si consolante, que mon courage s'est ranimé, et je me suis empressé de finir un travail dont je m'occupois depuis long-tems. Il aura le double avantage de contribuer à la gloire nationale, et de rendre l'existence à plusieurs milliers de citoyens qui périssent faute de travaux.

Le génie, les talens et les vertus des Républicains qui sont à la tête du Gouvernement méritent toute notre confiance; ils tiendront, sans doute, la parole qu'ils ont donnée de faire le bonheur public; ils procureront à la France une paix honorable et solide, qui ramènera l'abondance, et avec elle, les moyens d'exécuter tout ce qui peut contribuer au bien général.

Je sais que le but des Consuls et du Ministse de l'intérieur est de venir au secours des indigens, en établissant des travaux, et je viens leut faire hommage d'un projet dans lequel je crois que leur objet seroit rempli ; je le propose avec d'autant *plus* de confiance que son exécution procureroit une grande économie, en comparaison de celui présenté au Corps législatif, pour la construction d'un Museum parallele à celui qui existe.

J'ai saisi la proposition faite il y a quelque tems, d'ériger au centre de la place de la Révolution, un monument qui soit digne de la grande Nation ; et à ce sujet j'ai observé qu'il étoit nécessaire de donner un ensemble convenable à cette place qui paroît n'être pas achevée, puisqu'elle ne présente encore pour toute décoration, qu'une maigre colonnade dévorée, pour ainsi dire, par l'espace immense qui la précède.

Cette proposition m'a fait penser au grand parti que l'on pourroit tirer de cette place pour l'exécution d'un projet à peu-près semblable à celui que je mis au jour en 1790, et qui avoit alors pour objet de construire entre le Louvre et les Tuileries, un palais pour l'Assemblée nationale, une place publique, la galerie correspondante, parallèle à celle du Museum, et l'achevement de cette même place, connue aujourd'hui sous le nom de *place de la Révolution*.

Ce plan a fourni l'idée de proposer aussi une galerie correspondante et parallèle à celle existante, destinée à un Museum plus large et mieux éclairé que celui actuel ; mais l'exécution en deviendroit aussi difficile par les indemnités ruineuses qu'elle nécessiteroit, que ma proposition seroit avantageuse et économique.

Je le démontrerai après avoir fait la description de mon sujet.

Place de la Révolution.

Nous avons conquis l'Italie, nous en avons rapporté les chef-d'œuvres de la peinture et de la sculpture ; mais il nous manque ceux de l'architecture, comme ces superbes obélisques et ces belles colonnes dont il ne nous est pas parvenu un seul chapiteau. Pourquoi n'aurions-nous pas au moins des copies fidèles des détails précieux de ces beaux monumens ; et pourquoi même n'aurions-nous pas aussi notre *Campo-Vaccino* ? Sa place est celle de la Révolution. Oui, ce local, le plus beau peut-être qui existe dans le monde, paroît fait exprès pour réunir sous l'œil étonné un ensemble de monumens très-imposans pas leur grandeur, et encore plus utiles par leur destination.

C'est pour remplir ce but, que je propose de construire aux quatre coins de cette place (sans masquer le jardin des Tuileries, ni des Champs-Élysées) quatre Temples à l'instar de ceux des Romains, dédiés à la Liberté, à l'Égalité, à la Paix et à la Concorde.

Je désirerois que leurs détails et leurs ornemens fussent copiés d'après ceux des Temples antiques de Jupiter Stator, de Jupiter Tonnant, de Mars le Vengeur, et d'Antonin et Faustine.

Ces Temples formeroient quatre Museum, dont deux destinés à recevoir les chef-d'œnvres de la peinture, et les deux autres, ceux de la sculpture. Ces Museum auroient ensemble deux fois plus d'étendue que ne peut en offrir la galerie proposée ; ils seroient éclairés au choix des artistes, de la manière qu'ils jugeroient la plus avantageuse ; ils seraient décorés de colonnes corinthiennes ; ils auroient leur entrée par des portiques du côté de la place et du jardin des Tuileries, et ils seroient élevés sur des stylobates qui procureroient quatre grandes orangeries plus que suffisantes pour placer les orangers des jardins des deux Conseils.

Le parti d'avoir quatre Museum pour les différentes écoles des deux genres, m'a paru préférable à tous égards, à une seule et longue galerie, dans laquelle les objets placés trop près les uns des autres, fatiguant la vue par la quantité, se font oublier les uns par les autres, et ne laissent aux spectateurs aucuns moyens de classer leurs idées. Ici, au contraire, les ouvrages seroient distribués dans plusieurs salles, dont les moins vastes, occupées par les petits objets, seroient aussi larges que le Museum actuel, et les plus grandes, destinées aux grands ouvrages, auroient le double de largeur. Par ce moyen le spectateur ne seroit plus distrait par aucun autre objet que celui qu'il examineroit, ni par le coup-d'œil fatiguant de tous les citoyens qui remplissent à-la-fois un seul Museum : il auroit le tems d'admirer et de méditer à son aise. La grandeur de ces quatre Muséum donneroit la facilité d'espacer les tableaux les uns des autres, de manière à ce qu'il y eût entr'eux des lices ou repos pour mieux faire valoir leur richesse.

Le premier de ces quatre Muséum seroit occupé par les tableaux des Ecoles italienne et flamande; le second, par ceux de l'Ecole françoise; le troisième, par la sculpture antique, et le quatrième pour la sculpture françoise et moderne.

Il y auroit aussi quatre fontaines jaillissantes placées au-devant de chaque Temple.

Les quatre espaces compris entre ces Temples et les chevaux ou renommées, seroient fermés par la balustrade en pierre qui borde les fossés actuels, lesquels espaces seroient décorés chacun de six grands piédestaux portant des vases remplis de fleurs. Ces enceintes seroient dépendantes des quatre orangeries et serviroient au besoin à placer une partie des orangers.

Le monument du centre de la place seroit composé d'un piédestal portant un char traîné par les chevaux antiques de Venise, dans lequel seroit placée la Liberté conduisant les Sciences et les Arts aux Temples de la Paix et de la Concorde. Ce piédestal, élevé sur trois gradins destinés à placer la musique les jours de fêtes publiques, seroit décoré de quatre bas-reliefs supportés par des Renommées, dont le premier représenteroit la journée du 20 juin 1789.

Le second, celle du 14 juillet.

Le troisième, celle du 10 août (1792 v. st.)

Le quatrième, le jour de la fondation de la République, (22 septembre 1792 v. st.)

Ce piédestal seroit environné de douze piédestaux portant des trépieds sur lesquels on brûleroit de l'encens pendant la célébration de ces fêtes.

Cette place qui n'a aujourd'hui que dix arpens de superficie, en supprimant les détestables fossés qui l'environnent, comme je le propose, en auroit vingt-quatre ; elle serviroit avec succès pour ces mêmes fêtes publiques, puisqu'elle pourroit alors contenir jusqu'à 400,000 spectateurs.

En adoptant la proposition de réaliser notre Campo-Vacino, on sent qu'il est indispensable d'y faire participer l'édifice de la Madeleine, ainsi que le Palais du Conseil des Cinq-Cents, en leur donnant le caractère qui convient à chacun.

Pour remplir ce but avec le plus grand succès, je crois qu'on ne peut tirer un meilleur parti de cette église, qui est du plus mauvais goût, qu'en la métamorphosant en un Panthéon des arts absolument semblable à celui de Rome. On ne conserveroit que le porche et la première nef, le surplus seroit démoli pour être reconstruit avec les mêmes matériaux sur le plan exact de la rotonde de Rome dont je viens de parler : la seule différence entr'elles, c'est que le portail de la Madeleine obligeroit de donner à notre rotonde environ quinze mètres de plus de diamètre.

Qu'il me soit permis ici de demander aux artistes et aux amis des arts, qui ont été saisis de respect et d'admiration en entrant dans ce superbe monument à Rome, de quels sentimens ils seroient pénétrés s'ils retrouvoient en France un Temple pareil, élevé sur le même plan, mais exécuté dans une plus vaste étendue?

C'est dans ce nouveau Panthéon qu'il conviendroit de placer l'Apollon du Belvéder,

Ce prodige de l'art, élevé dans le fond sur des gradins, il seroit supérieurement éclairé par le jour pris du centre, et il seroit glorieux pour la République d'avoir érigé ce monument exprès pour recevoir cette merveille.

C'est aussi dans ce Panthéon qu'il faudroit que les artistes exposassent leurs ouvrages pendant que les concours auroient lieu ; et c'est-là enfin où je desirerois que l'on déposât les cendres de ceux qui auroient joui d'une célébrité méritée par leurs talens et leurs amour pour la Patrie.

La construction de ce monument ne seroit pas si coûteuse qu'on peut l'imaginer, puisqu'on se serviroit des matériaux qui sont en place.

Plusieurs artistes ont fait des projets pour placer la bibliothèque nationale à la Madeleine; mais outre qu'elle se trouveroit trop éloignée de la plupart des citoyens qui sont dans le cas de la fréquenter, il semble que sa façade n'annonceroit pas une bibliothèque publique. La grande élévation de cet édifice offriroit des salles très-froides dans un lieu où l'on ne peut admettre de feu. La véritable place de la bibliothèque nationale est le Muséum actuel qui a peu d'élévation, et qui ayant son exposition au Midi, ne seroit jamais froid.

Quant au Palais du Conseil des Cinq-Cents, tout le monde est d'accord qu'il n'a nullement le caractère qui lui conviendroit, et qu'il seroit facile de lui donner en construisant d'équerre avec le milieu du pont, un portique dont les colonnes élevées sur des marches au niveau du corridor supérieur de la salle, feroient disparoître, par la hauteur de leur entablement, ce détestable comble en pain de sucre, et donneroient à ce bâtiment la dignité qu'il doit avoir.

Colonne à élever aux défenseurs de la Patrie.

Un ministre m'avoit aussi témoigné le desir de faire élever quelques monumens utiles qui, sans être trop coûteux, pussent occuper les citoyens pauvres et sans ouvrage. Je cherchai les moyens de seconder ses vues sans le secours du trésor public; c'est par cette raison que je proposai à tous les citoyens aisés de se réunir pour élever sur le terre-plein du Pont-Neuf une colonne colossale en l'honneur des défenseurs de la patrie; mais on s'empressa de dire qu'il n'étoit pas de la dignité de la Nation de laisser élever par d'autres que par elle un monument de cette importance; de sorte que cette intéressante colonne n'a pu être érigée ni par la Nation, ni par les patriotes. Cependant nos braves défenseurs ont assez bien mérité de la patrie, pour qu'elle dût s'empresser de payer à leur gloire ce tribut de reconnoissance.

C'est cette même colonne que je propose actuellement d'élever au centre de l'étoile qui termine les Champs-Elysées pour completter l'ensemble du projet de la place de la Révolution : elle feroit point de vue au palais des Tuileries.

Sa hauteur, y compris le trépied qui la couronneroit, ayant 102 mètres, seroit du double de celle de la colonne Trajanne et augmenteroit encore de hauteur par sa position sur l'éminence où elle se trouveroit placée : elle pyramideroit parfaitement avec les deux pavillons qui décorent la barrière.

Sa base seroit composée d'une colonnade circulaire formant le Temple de la Victoire. Son fût seroit décoré de bouclier et de couronnes civiques, dans chacune desquelles seroit inscrite l'époque d'une des principales victoires remportées sur nos ennemis.

Son chapiteau formeroit un observatoire propre aux études astronomiques et physiques. On y arriveroit par un escalier à double rampe, l'un pour monter, l'autre pour descendre; et de cinq en cinq marches on trouveroit une petite salle pour se reposer et observer les environs de Paris de la hauteur où l'on se trouveroit, de manière que l'on arriveroit au sommet de la colonne, pour ainsi dire, sans s'en appercevoir.

Ce projet a eu l'approbation du conseil des bâtimens civils et de celui des ponts et chaussées. Ce dernier a même calculé la dépense de sa construction, et il ne la porte qu'à un million.

C'est sur le sommet de cette colonne et des deux pavillons de la barrière de l'Etoile qu'on placeroit avec avantage et que se tireroiens sans danger ces beaux feux d'artifices dont

on

on embellit nos fêtes publiques. Ces feux seroient apperçus de tout Paris et de ses environs. Après leur exécution, toute la colonne pourroit être illuminée dans un instant par la facilité qu'en donneroient les salles de son intérieur. Le trépied serviroit de phare. De cette prodigieuse colonne de feu sembleroient sortir quatre guirlandes de lumières qui, partant de la barrière et se continuant le long des grandes et petites allées des Champs-Elysées, viendroient enflammer les quatre Temples, la colonnade actuelle, le nouveau Panthéon des arts, le centre de la place, le Palais du Conseil des Cinq-Cents, et se termineroient au fond du jardin des Tuileries sur la façade illuminée du Conseil des Anciens.

J'abandonne cette description pour démontrer, comme je l'ai promis en commençant, que mon projet mérite la préférence sur celui proposé au Corps législatif, et qu'il doit l'obtenir par sa grandeur et son économie sur l'immense dépense et les inconvéniens que l'autre entraîneroit.

Le seul avantage que présente le projet que je combats, seroit de régulariser la jonction des Tuileries avec le Louvre, et d'obtenir une place démontrée absurde par sa grandeur, s'il n'y avoit pas des difficultés à vaincre pour cette jonction, et si d'ailleurs le Palais des Tuileries en étoit digne. Je passe aux inconvéniens.

Premièrement, la galerie actuelle est de deux genres d'architecture differens. Je demande lequel on adoptera pour décorer les façades de la nouvelle galerie? Je sais que dans le projet proposé, cette décoration ne ressemble ni à l'une ni à l'autre de celles existantes; de sorte que l'on seroit obligé de détruire la façade de celle-ci pour la rendre conforme à celle du nouveau Muséum: alors quelle dépense n'occasionneroit-elle pas, et comment y parvenir du côté de la rue Froidmanteau où le terrein est plus bas de cinq mètres que celui du Carrouzel, et où les étages ne sont pas les mêmes ? Il n'y auroit donc d'autre parti à prendre pour remédier à cet inconvénient, que de planter des allées d'arbres, ou de construire de nouvelles maisons pour masquer l'irrégularité de cette architecture et pour obtenir le niveau parfait d'une place plus petite qui seroit circonscrite dans celle du projet. Or, je demande en ce cas, s'il seroit raisonnable de détruire à grands frais toutes les maisons qui existent dans cette enceinte, pour être obligé d'en construire de nouvelles ou de planter des arbres ?

2°. On ne peut regarder comme un avantage d'avoir un seul Muséum par le moyen de cette nouvelle galerie, et je crois avoir suffisamment démontré qu'il est préférable d'en avoir quatre pour pouvoir classer les différentes écoles de peinture et de sculpture, d'autant mieux que ce parti concourt à merveille à completter et à décorer la plus intéressante place qui ait jamais existé.

3°. La construction du Muséum proposé coûteroit nécessairement beaucoup plus à proportion que celles dont je presente le plan, en ce que sa largeur étant de 20 mètres partout, óbligeroit à avoir des murs proportionnés pour soutenir la poussée de sa voûte, tandis que par le parti que j'ai pris d'avoir de grandes salles au centre de mes Muséum avec des petites de chaque côté pour les arc-bouter, mes murs n'auroient besoin que de la moitié de l'épaisseur de ceux du Muséum proposé.

Après avoir démontré les avantages divers de construire quatre Muséum au-lieu d'un seul, si je prouve aussi que l'on peut arriver du Louvre aux Tuileries de la manière la plus régulière et la plus majestueuse, sans faire tort aux propriétaires des maisons construites dans cette enceinte, il me semble que j'aurai rempli mon objet.

Je ne vois que deux moyens d'arriver du Louvre aux Tuileries en assurant les propriétés dont je viens de parler. Le premier seroit de construire devant le Louvre, du côté de la rue Froidmanteaux, une nouvelle place; d'ouvrir une rue dans l'alignement de la porte du Louvre à celle des Tuileries, de former une autre plus grande place au-devant de ce Palais avec une portion circulaire dans laquelle aboutiroit la rue de Chartres; mais ce parti obligeroit à construire une portion de la galerie correspondante à celle qui existe, jusqu'à la rue Nicaise, et à établir les maisons particulières du fond de la place dans cette enceinte, ce qui ne paroît nullement convenable à la dignité du palais des Tuileries. Il me semble que par ces raisons, ce projet ne doit pas être préféré à celui dont je vais donner la description.

Dans ce second plan, auquel je donnerois donc la préférence, il y auroit également au-devant du Louvre une place demi-circulaire, au centre de laquelle seroit une fontaine apperçue des deux rues qui aboutiroient à la place de l'Egalité et au guichet de la rue Thomas-du-Louvre.

Dans l'alignement de la porte du Louvre à celle des Tuileries il y auroit un arc de triomphe pour arriver à la place de la Nation : son centre seroit dans l'alignement du second guichet du Louvre et de la Loi : sa forme seroit circulaire; son diamètre seroit de 200 mètre; sa décoration de 100 colonnes Corinthiennes et de quatre arcs de triomphe, dont le premier dans la direction du Louvre; le second, dans celle des Tuileries ; le troisième, sur le guichet du Louvre, et le quatrième sur la rue de la Loi : il y auroit au milieu un obélisque élevé aux mânes des défenseurs de la Patrie et aux Patriotes victimes du 10 août ; et quatre fontaines jaillissantes semblables à celles de la ville Albanne à Rome.

Cette Place, bordée de maisons agréables qui ne se confondroient pas avec la cour du Conseil des anciens, pourroit, les jours de fêtes publiques, être couverte dans toute sa superficie, d'une toile pour garantir les spectateurs, soit de la pluie, soit de l'ardeur du soleil. Il n'est pas possible d'avoir un emplacement plus agréable pour donner des bals ou pour faire entendre à plus de 150,000 citoyens, les airs chéris de la Liberté. La musique, placée au pied de l'obélisque, seroit parfaitement entendue, même des extrémités de la place, puisqu'elle n'en seroit éloignée que de 100 mètres, et que la toile formant plafond, retiendroit tous les sons.

La cour des Tuileries, dans laquelle on entreroit par un arc de triomphe, seroit décorée du même ordre de colonnes Corinthiennes, et masqueroit fort à propos l'irrégularité de ce Palais qu'occupe maintenant le Conseil de la sagesse républicaine. Cette décoration ne laisseroit appercevoir entre les colonnes que les coups de canon de la Liberté, lorsqu'elle a abattu pour toujours la tyrannie.

De chaque côté de la cour principale seroit une autre cour dont les bâtimens pourroient être destinés au service de l'imprimie nationale, ainsi qu'à d'autres usages.

Cette description suffira sans doute pour prouver que l'on peut faire parcourir l'espace qui est entre le Louvre et les Tuileries de la manière la plus agréable, et qui convient le mieux aux fêtes publiques, sans être obligé de ruiner personnes. Je dois cependant convenir qu'en exécutant ce projet, il seroit indispensable de démolir plusieurs maisons particulières pour effectuer les rues et les deux places que je propose; mais les terreins et les maisons nationales qui seroient abandonnés à l'exécution de ce plan fourniroient suffisamment de quoi indemniser les propriétaires des maisons à abattre, lesquels auroient lieu d'être satisfaits en trouvant dans les nouvelles le même revenu que celui dont ils jouissent actuellement, toutes compensations faites d'ailleurs; et l'on peut tenir pour certain, qu'il y auroit plus de spéculateurs qu'on ne voudroit, qui entreprendroient l'exécution de ce projet en leur accordant le terrein et les maisons nationales, à la charge par eux de se conformer exactement aux plans, et d'indemniser les propriétaires comme on vient de le dire. Ce qui importe le plus à leurs locataires, c'est de ne pas sortir du quartier où ils sont établis, relativement à leur commerce. Or, on conçoit combien ces avantages augmenteroient après l'exécution du projet, avantages qui seroient perdus pour eux s'ils s'établissoient dans tout autre quartier.

Il ne me reste maintenant qu'à offrir le tableau comparatif de la dépense du projet que je propose avec celle qu'occasionneroit le Plan que je combats pour le Gouvernement puisse s'assurer du bénéfice résultant de l'exécution du premier; enfin, pour qu'il juge auquel des deux les intérêts de la République demandent que la préférence soit accordée; c'est ce que je vais démontrer.

Les maisons particulières à acquitter pour l'exécution de la galerie proposée, ont en superficie environ 40,794 mètres, que j'estime, les uns dans les autres, compris le terrein, à raison de 250 francs le mètre, ce qui produit la somme de. . . . . 18,357,300 fr.

La loi accorde aux propriétaires un quart d'indemnité, pour ce. 4,589,325

Les impositions sur ces maisons qui n'existeroient plus, étant du cinquième du revenu, forment un capital de. 3,671,460

La construction du nouveau Museum a été estimée. . 15,000,000

TOTAL. . . . . 41,618,085 fr.

Ainsi, pour exécuter ce Museum, il en coûteroit à la Nation 41,618,085 francs, tandis que, pour construire les quatre que je propose, et qui seroient du double plus grands que celui-ci, il n'en coûteroit que 20 millions, attendu, comme je l'ai déjà observé, que tous les fossés de la place de la Révolution procureroient une grande quantité de matériaux, lesquels étant tous taillés et portés sur les lieux, feroient une économie considérable.

Il résulteroit aussi de l'exécution, des maisons qui formeroient les places du Louvre et et de la Nation, ainsi que les rues adjacentes, un revenu au moins d'un million, dont l'imposition annuelle de 200,000 francs, produiroit un capital de quatre millions à déduire sur les 20 millions, ce qui réduiroit la dépense de construction des quatre Museum, à la somme de. . . . . . 16,000,000 fr.

Laquelle comparée à celle de. . . . . 41,618,085 que coûteroit ~~celui du citoyen Ramel~~, produiroit une écomie de. 25,618,085

~~83,406,170 fr.~~

Report. . . 83,106,1[illegible] fr.

Report 26,018,085 fr

A quoi joignant le prix de la vente de la maison des Petits-Augustins, qui sert actuellement de dépôt aux objets d'arts, lesquels seroient placés dans un des quatre Museum, ne peut pas être évaluée moins de quatre cent mille francs, ci. 400,000

TOTAL de la différence. . . . . . . 29,018,085 fr. 26,018,085

Je ne comprends pas ici ce qu'il en coûteroit pour régulariser la façade de la galerie actuelle, ainsi que celle du Palais des Tuileries, ce qui est incalculable; mais si par la suite le Gouvernement vouloit employer cette somme de 26,018,085 francs, résultante de la différence que je viens de démontrer. Il est clair que l'on pourroit compléter notre nouveau Campo Vaccino, et faire aussi les objets qui dépendroient du Gouvernement pour former les places du Louvre et de la Nation. La récapitulation suivante suffit pour le prouver.

Pour le Campo-Vaccino.

Le monumet du milieu de la place de la Révolution coûteroit la somme de.	6,000,000 fr.
Les quatre fontaines.	1,000,000
Les vingt-quatre piedestaux, avec leurs vases et la balustrade.	500,000
Le pavé de la place.	400,000
Le Panthéon des Arts.	6,000,000
La rectification de la façade du Conseil des Cinq-Cents.	1,500,000
La colonne triomphale.	1,000,000
	16,400,000 fr.

Place de la Nation.

Les quatre Arcs de Triomphe.	1,500,000 fr.
Les quatre Fontaines.	800,000
L'Obélisque.	600,000
Les cours du Château des Tuileries.	4,000,000
TOTAL.	24,300,000 fr.

Tous ces objets étant exécutés, il resteroit encore sur ladite somme de vingt-quatre millions trois cent mille francs, celle de. 1,718,085.

Le projet du Museum que je combats occasionneroit une dépense de 41,618,085 francs, et ne procureroit que pour 15,000,000 francs de travaux, tandis que le mien en feroit faire pour 44,300,000 francs, sans compter ceux qu'occasionneroient les constructions de la place circulaire de la Nation, de celle qui la précéderoit, des maisons qui les environneroient, etc. ce qui coûteroit à la compagnie qui les entreprendroit environ six millions, lesquels ajoutés aux 44,300,000 francs, font un total de 50,300,000 francs de travaux publics. Il est donc évident que le projet combattu n'offroit pas le tiers de travaux à faire de celui que je propose en dépensant d'avantage, et ne produiroit qu'une grande galerie avec une place très-vaste, très-exagérée et très-ridicule, tandis que par mon projet, Paris ajouteroit au nombre de ses monumens, trois places de la plus grande magnificence, quatre Temples servant de Museum, un Pantheon des arts et une Colonne Triomphale du plus grand effet, l'immensité des travaux qu'offre mon projet fourniroit les plus grands moyens d'employer les artistes et les ouvriers de toutes espèces.

Je ne prétends pas dire que le Gouvernement soit en état de l'effectuer en entier dans le moment actuel, mais prouver du moins que je suis parvenu à trouver les moyens d'exécuter avec 16,000,000 quatre Muséum ensemble du double plus grands que celui proposé, et qui pourroient être construits sur-le-champ en commençant par la démolition des fossés de la place de la Révolution, que l'on peut regarder comme une carrière de pierres suffisante à la construction du rez-de-chaussée, ou des orangeries, devant servir de bases à ces quatre Temples. On pourroit encore plus facilement commencer dès-à-présent l'exécution des places du Louvre et de la Nation, dont la dépense se feroit par la compagnie chargée de cette entreprise, ce qui procureroit encore pour six millions de travaux actuels, sans rien coûter au Gouvernement.

Tels sont enfin les avantages que présente ce projet civique ; il pourroit en résulter encore un autre de son exécution, qui me paroîtroit le plus précieux de tous, celui de contribuer au retour de la tranquilité publique. Les arts ont, dans tous les temps, influé sur les mœurs des Peuples, par les idées d'ordre et d'harmonie qu'ils font naître, et par les impressions de grandeur et de beauté qu'ils produisent ; ce projet, enfin, ne dut-il que concourir à fixer un instant l'attention générale sur le sort malheureux des artistes et des ouvriers de toutes les classes, je me ~~trouverois~~ trouverai trop satisfait si, par mon travail, je reçois la récompense la plus honorable aujourd'hui pour les hommes libres, l'estime de mes concitoyens, et l'approbation des Gouvernemens républicains.

www.ingramcontent.com/pod-product-compliance
Lightning Source LLC
LaVergne TN
LVHW020513230826
846091LV00008BA/3477

* 9 7 8 2 0 1 9 2 1 2 9 9 5 *